ありがとうは幸せの贈り物

# あこのありが豆腐

「何のために生きているんだろう」と思う人へ届けたい

菅谷晃子（豆腐屋あこ）
漫画：MonAmie

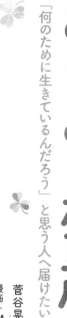

# まえがき

何をやってもなんにも続かなかった。

自分には生きている価値がないと思ってた。

いつしか自分を責めるのがあたりまえのようになって、まわりを責めるのもクセになっていた。

そんな私が、リヤカーを引いてラッパを吹きながら人に喜んでもらえる仕事に出会い、少しずつ自分を認め、笑顔を取り戻し、お客さまの命から大切なことを泣き笑いしながら学んできた人生のストーリー。


すべての出逢いに感謝を込めて。

この本を通して私が受け取った愛をあなたへお届けします。

今、辛かったり不安だったりしてもきっと大丈夫。
ひとりじゃないよ。
あなたはあなたのままで素晴らしい存在なんだ。

豆腐屋あこ

目　次

# 序章

## あこのありが豆腐

ありがとうは幸せの贈り物

今日も、「ありがとう」の気持ちで
街のお客さまと心の触れ合いを楽しんでいます。

トゥーフーとラッパが
聞こえるかな?

ヤクルト販売員の祝部（ほり）さん
2人交替で高齢者の見守りも

ありが豆腐、お買い上げ
“ありがとう”

私は、リヤカーに80キログらいのお豆腐や総菜を積んで、心をこめてラッパを吹きながら、引き売りのお仕事をしています。

毎週同じ曜日、同じ時間、真冬の寒い雨の中でも、真夏の炎天下でも、毎日毎日16年続けています。

夏の暑い時期には、お豆腐と一緒に入れる氷も増えるので、リヤカーはとっても重くなるんです。それが、お客さまの笑顔に出逢うにつれ、だんだんと軽くなっていくのが嬉しいのです。

私はそのことを、「ありがとう」の想いの数だけ荷台が軽くなるんだって感じています。

いつも寄っていってと言ってくださる
しらきやの綾子さん

写真協力：湯山健

ちょっと変わっているかもしれませんが、私はこのお仕事が心から大好きで、誇りに思っています。今は元気いっぱいな私ですが、昔は、自分のことを好きになりたくてもなれなくて、本当に苦しんでいた時期が長くありました。

16年間のお豆腐の引き売りで出逢えた〝ありがとうの言葉の力〟と〝寄り添ってくれた命との触れ合い〟が、私を少しずつ、振り返ってみれば、大きく変えてくれたのです。

**つらかった日々もありました。**

何年も続く
いじめの日々

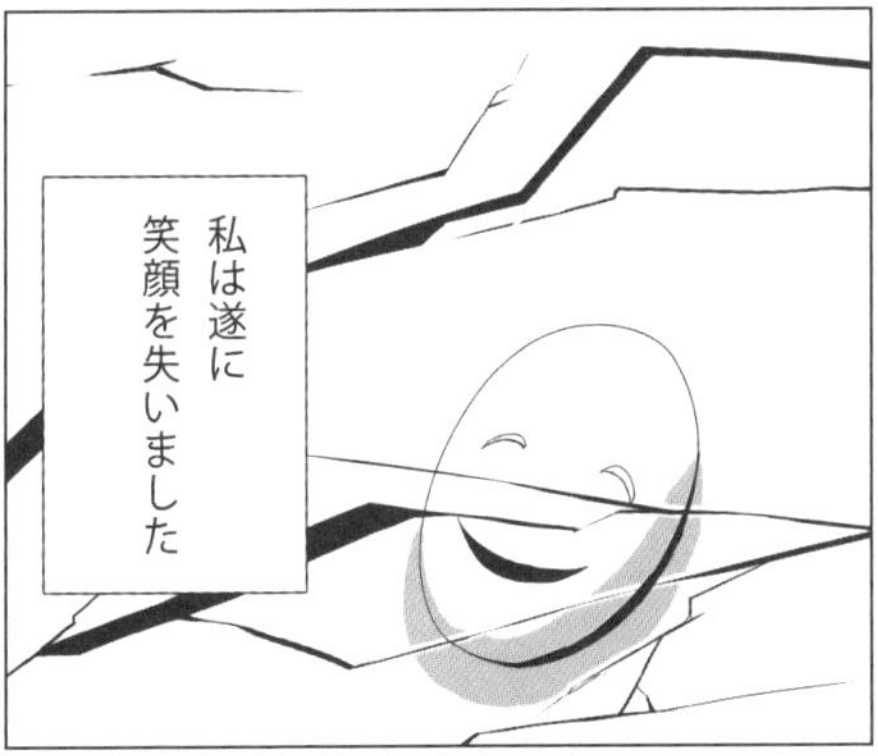
私は遂に
笑顔を失いました

**今は仕事を楽しんでいます。**

ヤクルトを23年やっていたという
1人暮しのおばあちゃん

大きな家で1人暮しのおじいちゃん

神戸 豆腐屋あこ お話会にて
左：カフェディラン徳岡さん　右：映画「いきたひ」監督 長谷川ひろ子さん

ありがとうの数だけ
出会いが増えています。
ひとりじゃないよ！

キラキラ女性講演会主催・古市佳央氏主催
世界一幸せになれる「新春プレミアム2020」（越谷市）集合写真

撮影：戸成嘉則

草加市福祉協議会主催
福祉まつり、ひきがたり
作編曲家・ピアニスト
八文字裕紀さんと

トレーナーの澤木さん
「私も意外にマッスルなのよ～」

DAF主催の
西澤一浩さん（前列左端）と仲間の皆さん

今、心にぽっかり穴が空いているようで、
悩みながらも一生懸命に生きている
素晴らしいあなたへ。
この本が、少しでもあたたかな
優しい希望の光となりますように。

# 第1章

## いじめられっ子になった

……誰か助けて……声にできない押し殺した想い

強くなりたい
強くなりたい
そればかり
長い年月　考えていた

小学五年生のとき
転校生のあこちゃんです
転校しました
前の学校では友達も多くて
お別れは辛かったですが
仲良くしてくださーい
えへへ
ひら
ひら
じゃあ
席について
はーい
私は
新しい友達をつくれる期待に胸を膨らませていました

ところが
キーン
コーン
ねぇ
いっしょにお話しよ・・・
スッ・・・
ガタ
聞こえなかったかな・・・・
何の話してるの？
ポン
待っていたのは「いじめ」でした
触らないでよ
その時から先の見えない長く暗いトンネルにいるような
地獄の日々が続くようになったのです

ブース
チービ
死ねば
毎日のように
心ない言葉を
浴びせられて
キタナイ
ゴミ
土下座
しろよ
一番
つらかったのは
無視でした
キ
サ
サ
自分が
『いないもの』
として
扱われました
キモチ
ワルーイ
私は大丈夫
私は大丈夫…

大丈夫
それでも
頑張れる
心のストレスは体に表れるものです
アトピーの悪化で顔中が荒れたり
喘息の発作で眠れなくなったり
明日なんか来なければいいのに
いつしか私の心は
そんな思いでいっぱいになりました

中学校になると いじめは エスカレートし
ぶりっ子
お前見てると 目が腐るよ
学校で一番 嫌われてるの 誰かわかる？
私は遂に 笑顔を失いました
は〜…
は〜…
学校に行くと 動悸と汗が 止まりませんでした
先生
先生は 何を見てるの

学校には行きなさいと毎日追い出されました
何年も続くいじめの日々
フシギと
「死のう」とは思いませんでした
私らしく生きたい
そんな思いが捨てきれなかったのです

高校生になった ある日のこと
私とお父さんて 顔が似てないけど
何となく母に 尋ねました
血が繋がってない とか ないよね？
あなたは お父さんの子じゃ ないわ…
私のこと 騙してたの？
ショックでした
家にも学校にも 居場所がないような 気がして
とうとう私は
TO2

17歳で家を
飛び出しました

## つらく悲しい学校生活に

1981年、私は千葉県松戸市で生まれました。

小学校4年生までの私は、教室で騒いで外に締め出されても、そのまま校庭で楽しく遊んでしまうような、天真爛漫な普通の女の子でした。

小学校5年生のころ、引っ越しにより転校することになりました。

新しい場所、新しい出会い……。

私はこれから始まる新しい生活に、期待で胸をふくらませていました。

ところが、新たな環境で待っていたのはそれまで経験したことのなかった壮絶な〝いじめ〟だったのです。その時から先の見えない、長く暗いトンネルにいるような地獄の日々が続くようになりました。

クラスメイトの女の子たちから、

「ブス」

「ちび」

「死ね」

「土下座しろ」

毎日のように心ない言葉を投げられるようになりました。それでも、言葉がある分マシでした。

一番つらかったのは、無視です。まるで自分の存在がないものとして扱われました。純粋だった小学校5年生の私は、毎朝鏡の前で一生懸命に笑顔の練習をして、「私は大丈夫」「私は大丈夫」と自分に言い聞かせ、心を奮い立たせて学校に通っていました。

けれども、心のストレスがたまってくると、そのうち体に表れるものなんです。アトピーの悪化で、顔中に黄色いかゆい水疱がたくさんできてしまい、気になるのでつぶして膿を出し……、引っ掻かないよう両手をベッドの脇に縛り付けて寝ても、朝起きると全身血だらけの状態になっていました。さらに喘息の発作を併発し、毎晩眠れなくなりました。

**私はどうして生まれてきたんだろう……**

私の前向きだった心は、いつしか夜寝る前に、どうして明日なんか来るんだろう。明日なんか来なければいいのに……と、そんな願いをするようになっていきました。

中学生になると、ますますいじめはエスカレートしていきました。入学前に、1人でも学校でお友達ができたらいいなと前向きに臨んだ気持ちもむなしく、私はついに笑顔を失いました。

「ぶりっ子」

「その声つくっているんでしょう」

「お前を見ると、目が腐るんだよ」

「学校で一番嫌われてるの、誰だかわかる？」

私は、高い声としゃべり方をひどくばかにされるようになって、自分の声が恥ずかしくなり、人と話すことも怖くてできなくなりました。誰とも目を合わせることもできずに、学校に行くと心臓の鼓動がばくばくし、体が震えて冷や汗が止まらなくなりました。

私、なんにもしてないのにどうしてこんなに嫌われてるの？

先生？　先生は毎日何を見ているの？

お母さん、どうして毎朝「早く起きなさい！」と怒鳴りつけるの？

こんなに頑張っているのに……誰か助けて、誰か助けて。

自分の心の中で、ずっと叫び続けていました。

しだいに私は、自分にないものばかりに目を向けるようになっていきました。

あの子みたいにかわいく生まれていたら。

もっと普通の声だったら。

脚が長かったら。

頭がよかったら。

見た目もこの声も、すべてがコンプレックスになっていきました。

そうして、両親に対しても、絶対に言ってはいけない言葉をぶつけたり、辛く当たってしまうようになりました。

「クソババア！　死ね！　うるせぇんだよ！」

「私は産んでくれなんて頼んでない！」

大人になってから、母にこう言われました。

「昔、あなたによく殺される夢を見ていたわ」

私だけでなく、あの時母もとても苦しんでいたのです。

当時、両親もきっと私への声のかけ方を悩んでいたのだと思います。

それでも朝になると、学校には行きなさい！　と怒鳴られる。

お母さん、私頑張っているのにどうしてそんなに怒鳴るの？　行きたくないよ……。

そんな私の感情は高まるばかりでしたが、またいじめられるけど、行かないと怒られる……。どうしようもない葛藤のなか、毎日重い足どりで、学校へと歩いていきました。

## いじめが続く日々、そして私は……

何年も続く、いじめの日々……そんな状況のなかでも、不思議と死のうという気持ちだけは起こりませんでした。

「私は私らしく生きたい！」という思いは、どこかで捨てきれません

**でした。そしてその気持ちが、「こんな私だからこそできる仕事をしてみたい！」と、そう強く願うようになっていきました。**

辛くて辛くて仕方がなかった反抗期真っただ中の中学生の時、なんとなく父と顔が似ていないような気がして

「私、お父さんと血がつながっていないの？」と、ふと母に尋ねたことがありました。

母も疲れていたのでしょう。

この問いに、「そうよ」と答えてしまったのです。

これまで私を育ててくれた父は本当の父親ではありませんでした。

私はショックのあまり血の気が引き、『私のこと、ずっと騙してたの!?』と、両親に強い嫌悪感をいだきました。

とうとう学校でも家でも居場所がなくなったように感じた私は、

〝誰にも愛されてなんていない〟と思い込み、
息苦しくなって、17歳で家を飛び出しました。

**今は笑顔になんて到底なれないけれど、いつか満面の笑みで、私だからこそできる仕事をしてみたい。**

コラム①

## 闇は光だよ。
## みんなの傷付いた経験が誰かの力になることもある。

小学校5年生からいじめにあい、人と話をすることがどんどん苦手になっていきました。だからこそ人の話をよく聞こうとか、辛かった思いがあった分だけ今の自分があると思えるのです。

弱さや傷付いた経験は、決して恥ずかしいことじゃない。あなたの強みであって、魅力なんだ。

以前、津波でたくさんの命を失った気仙沼で講演をさせていただきました。そこで出逢った方々は、当たり前の日常がどれほど幸せであるか、みんな生かされている命なんだということを強く優しく私に教えてくれました。

今はそのような経験をもとに、子ども食堂や、不登校フォーラムで引きこもりの親子へ向けてお話をしたりしています。私の乗り越えてきた経験や学んできた道のりが、みんなの生きる力になりますようにと心から願って。

# 第2章

## 「あこのありが豆腐」誕生

…ありがとうの心を届けたい

私には、小さな希望がありました
いつか満面の笑みで
私だからこそできる仕事をしてみたい

いつか
満面の笑みで
「私だから出来る仕事」をしてみたい
「私らしい仕事」って何だろう……？
転機が訪れたのは23歳の時です
豆腐屋
豆腐屋
心で販売できる人
大募集中!!
リヤカーを引いて
街へ出てぬくもりのあ
仕事をしてみません
お豆腐屋さんかぁ……

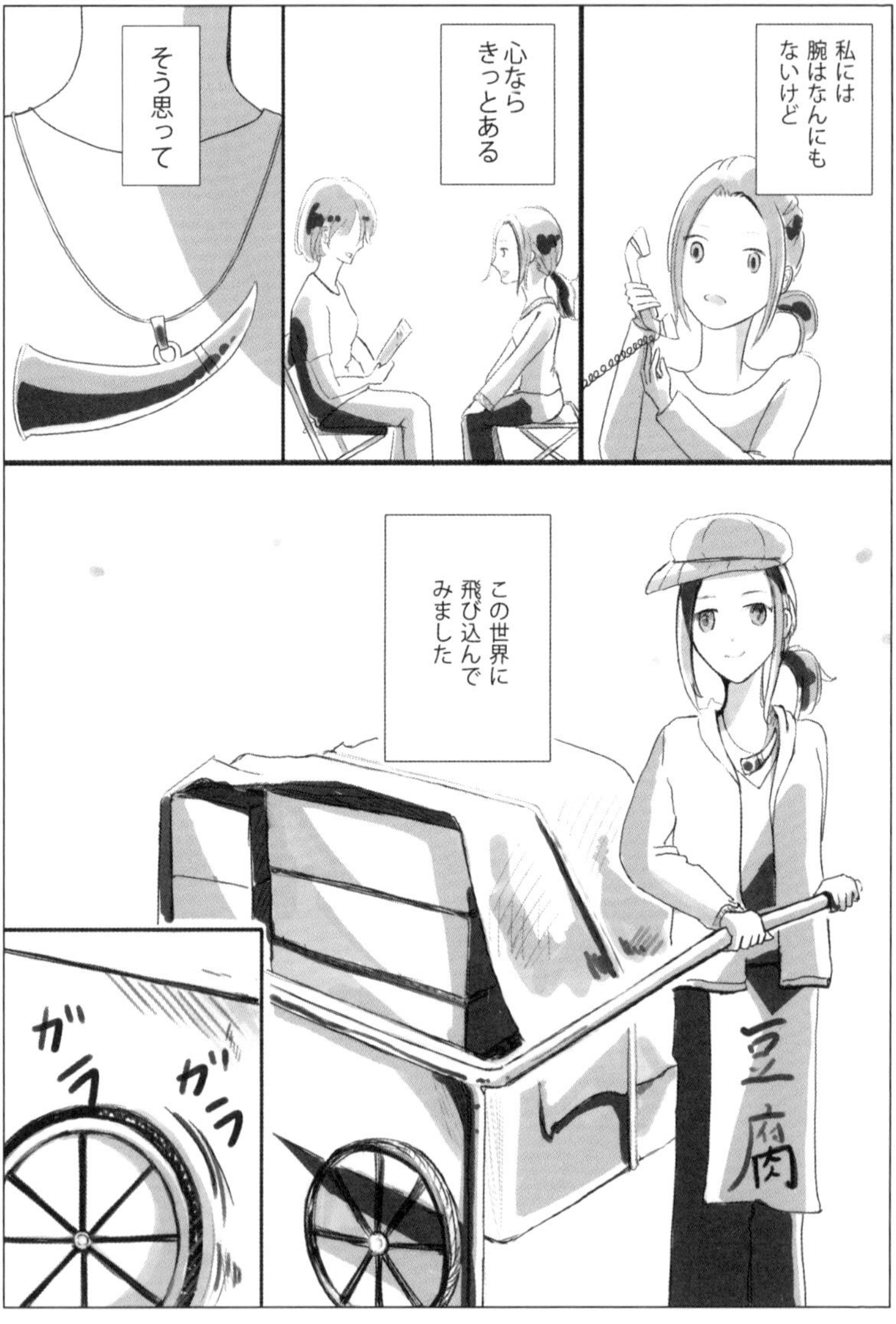

私には
腕はなんにも
ないけど
心なら
きっとある
そう思って
この世界に
飛び込んで
みました
豆腐
ガラ
ガラ

パー
プー
いいかしら お豆腐
えっ はいっ
大変ねぇ
売れた……
いつも来てるの?
きっ 今日からなんです
いくら?
四百円で……
やっぱり湯葉も
えっと わかりました 五百円です
アラ いいお値段ねぇ～
世間話しながら商品出すの忙しいなぁ……
じゃあ ありがとう
"仕事"なんだ
と理解した瞬間でした

やるんだ……売らなきゃ！
私はより多く売るための方法を考え始めました
メラメラ
目の前にいるこの人に
いっぱい売るにはどうしたらいいんだろう？
そんなことばっかり考えていました
買ってくださーい！
ねーちゃんかわいそうだから
一つ買ってやるよ
かわいそう……？
ありがとーございましたー

何でそんなこと言われなきゃいけないの？
「かわいそう」なんかじゃない
私は頑張ってるのに
そんな私を変えてくれたのが
ヨォあこちゃん
Coin Laundry
川澄さんとの出会いでした
豆腐以外もあるんだなぁ
油揚げや漬物に
信州のお蕎麦もあるよ！
俺はあこちゃんのそばにいたい❤
そばだけに
笑
ウフフ面白い
おじいちゃんギャグで
私を笑わせてくれたこともありました

冬の寒い日にはカイロを束でくれて
夏の暑い日は一緒にアイスを食べました
いつしか私は
明日は会えるかな
何を話そうかな
みんな元気かなー♡
「商品を売りたい」という気持ちに囚われなくなりました
ただ川澄さんに会うのが
よーぅ
来たかあこちゃん
とても楽しみになったのです

あこちゃん ありがとな
頑張れよ！
あこちゃん 来てくれたのね～
次第に 色んなお客様の ことが大好きに なりました
お豆腐屋さーん
すると
一人 また一人
わたしを待って くれる方が 増えはじめて いきました

こんな自分でも誰かの役に立てる
あこちゃん
いつもありがとうね
私の方こそ
ありがとうっ
それが
とても嬉しかったのです

## 私の仕事は何？

長く辛い学校生活から抜け出した私は、やっと自分ならではの仕事ができる！　と希望に満ちあふれていました。過去の経験から、いっその声を生かして声優になろうと思ったり、お洋服が好きだったので、デザイナーになろうと思ったりしました。

でも、どれもそう長くは続きませんでした。

私だからこそできる仕事ってなんだろう……？

求人を探しながら「いったい何が自分に合うのか……」答えのない問いかけを、自分にし続けていました。

そんな途方に暮れていたあるとき、私の人生にとって大きな転機が訪れたのです。23歳の時でした。

その日、なんとなくフリーペーパーを読んでいたら「腕よりも、心で販売できる人募集」という求人が目に飛び込んできました。

「リヤカーを引いて街へ出て、ぬくもりのある仕事をしてみませんか？」という触れ込みに、まさにこれだ！　とピンときたのです。

『私、腕なんて何もないけれど、心ならきっとある！』そう思って、この仕事に思い切って飛び込んでみることにしました。

それは、深呼吸をするとトォーフゥーと音が鳴る、豆腐屋ラッパを吹きながら、昔ながらのリヤカーで豆腐の引き売りをする仕事でした。

初めてリヤカーを引いて街へ出てみると、見ず知らずの人たちへ声をかけるのが怖くて、少しためらいました。それでも周りをよ〜く見渡して、時には立ち止まり、ゆっくりと歩いていくと、豆腐の引き売りの物珍しさや、懐かしさもあってか商店街のおじちゃんやおばちゃんたちが、

「おお、姉ちゃん、頑張っているね！」

「えらいねぇ」

と、私のことを口々に褒めてくれたのです。

リヤカーを引いてラッパを吹いているだけなのに、声をかけてもらえること、褒めてもらえることが本当に嬉しかった！

そして声をかけてくれるお客さまは、皆ニコニコと楽しそうに、色々な会話をしながらお買い物をしてくれました。

そのうち私は、どうやったら多く売ることができるんだろうと真剣に考えるようになりました。目の前にいるこの人に、いっぱい売るにはどうしたらいいんだろう。この町の人に1人でも多く売るにはどうしたらいいんだろう。そんなことばかりを考えるようになりました。

リヤカーは、商品の重さも入れると80キロもあります。でも〝てこの原理〟で動かしているので、実は見た目ほどそんなに重くはないんですね。それでもわざと坂道を重そうに歩くふりをして、何となく優しそうなおじさんとかがいると、ちょっと見つめてみたり。

当時、20代の女の子でしたから、そんなふうに可愛いしぐさをして、お客さまを射止めようとしたこともありました（苦笑）。今思えば、小悪魔みたいなことをしてますね。

でも、そんなときによく言われていたのが、〝かわいそうだから買ってやるよ〟でした。どうしてでしょう。そう言われると、今度はひねくれた感情がわいてきてしまうんです。何でそんなこと言われなきゃいけないの？　かわいそうなんかじゃない、私は頑張っているのにって。

## 「ありがとう」は贈り物

そんな私のお客さまとの関わりの考え方を、変えてくれた出会いがありました。それは、川澄さんという、笑顔がクシャッとした優しいおじいちゃんの存在でした。毎週火曜日の夜になると、コインランドリーの前で私を待っていてくれていて、帰り際きまってこう呼びかけてくれるのです。

「あきちゃん、ありがとうね。頑張れよ」と。

リヤカーには、お豆腐や総菜、油揚げ、漬物、50種類ぐらいのいろいろなものを積んであるんですね。どうにかして1個でも……と思った私は、本当は食べたこともないのに

「これね、信州の長野県のおそばなの。おいしいんだよ」と嘘をつきました。

すると川澄おじいちゃんは、すかさず

「俺はあきちゃんのそばにいたい。そばだけに〝そば〟ね（笑）」なんて、おじいちゃんギャグで、優しく私を笑わせてくれたこともありました。

寒い冬にはカイロを束でくれて、暑い夏にはアイスクリームを一緒に食べました。

しだいに、私は川澄おじいちゃんにならいっぱい買ってもらえるかもという下心から、だんだんと「今日も会えるかな」「何て言ったら笑ってもらえるかな」と、ただ純粋に、会える日が楽しみになっていったんです。

そして、そのことがきっかけとなり、毎週会えるいろいろなお客さまのことがどんどん大好きになっていきました。

毎週、同じ曜日に同じルートを通るので、1人、また1人と、川澄おじいちゃんのように私を待ってくれる方が増えていきました。

気付けば私は、いっぱい買ってもらいたいという気持ちから、どうしたらみんなに喜んでもらえるだろう、みんなが喜ぶことってなんだろう、と他者を幸せにしたいと願うようになっていました。

すると……

「かわいそうだから買ってやるよ」という言葉から

「あきちゃん、ありがとうね」「本当に助かるわ」

ありがとう、ありがとう。

1日中、ありがとうという言葉をかけてもらえるようになったのです。

しだいに私は、少しずつ本当の笑顔を取り戻していきました。

自分の心が変われば周りも変わる、人は自分の鏡である。そう教えてもらったんです。

# コンプレックスは宝物

「もっと、可愛かったら。もっと、頭がよかったら。」いつしか自分にないものばかり、願っていました。

……こんなお話があります。

インドのある水汲み人足（人夫）は2つの壺を持っていました。天秤棒の端にそれぞれの壺を下げ、首の後ろで天秤棒を左右にかけて、彼は水を運びます。その壺の1つにはひびが入っています。もう1つの完璧な壺が、小川からご主人様の家まで一滴の水もこぼさないのに、ひび割れ壺は人足が水をいっぱいに入れてくれても、ご主人様の家に着くころには半分になっているのです。

完璧な壺は、いつも自分を誇りに思っていました。なぜなら、彼がつくられたその本来の目的をいつも達成することができたから。

ひび割れ壺はいつも自分を恥じていました。なぜなら、彼がつくられたその本来の目的を、彼は半分しか達成することができなかったから。

2年が過ぎ、すっかりみじめになってひび割れ壺は、ある日、川のほとりで水汲み人足に話しかけました。

「私は自分が恥ずかしい。そして、あなたにすまないと思っている」

水汲み人足はたずねました。

「何を恥じているの？」

「この2年間、私はこのひび割れのせいで、あなたのご主人様の家まで水を半分しか運べなかった。水がこぼれてしまうから、あなたがどんなに努力してもそれが報われることがない。私はそれが辛いんだ」壺は言いました。

水汲み人足は、ひび割れ壺を気の毒に思い、そして言いました。

「これからご主人様の家に帰る途中、道端に咲いているきれいな花を見てごらん」

天秤棒にぶら下げられて丘を登っていく時、ひび割れ壺は、お日様に照らされた美しく咲き誇る道端の花に気づきました。花は本当に美しく、壺はちょっと元気になった気がしましたが、ご主人様の家に着くころには、また水を半分漏らしてしまった自分を恥じて、水汲み人足に謝りました。

するとと彼は言ったのです。

「道端の花に気づいたかい？　花が君の側にしか咲いてないのに、気づいたかい？　僕は君からこぼれ落ちる水に気づいて、君が通る側に花の種をまいたんだ。そして君は毎日、僕達が小川から帰る途中、水をまいてくれたんだ。

この2年間、僕はご主人様の食卓に花を欠かしたことがない。君があるがままの君じゃなかったら、ご主人様は、この美しさで家を飾る事はできなかったんだよ」（作者不詳／菅原裕子訳）

欠点だと思っていることも見方を変えれば宝物。そしてそれは誰かを笑顔にしているのです。だからあなたのコンプレックスは長所になるんだよ。

# 第3章

## 自分をもっと褒めてあげて

……自分で自分を褒めてあげよう
「今日もよく頑張ったね」

リヤカーを引いてお豆腐の行商を始めたのは
楽しそうだったから
自分のダメなところ探しばかりしていた私は
〝ありのままでいいんだ〟と、やっと気が付いた
宝物の出逢いのおかげで不思議なほどに
自分が好きになっていった

ザー
また雨かぁ……
雨の日も
雪の日も
お客さんの
笑顔が
支えです
皆 待ってる
だろうな―……

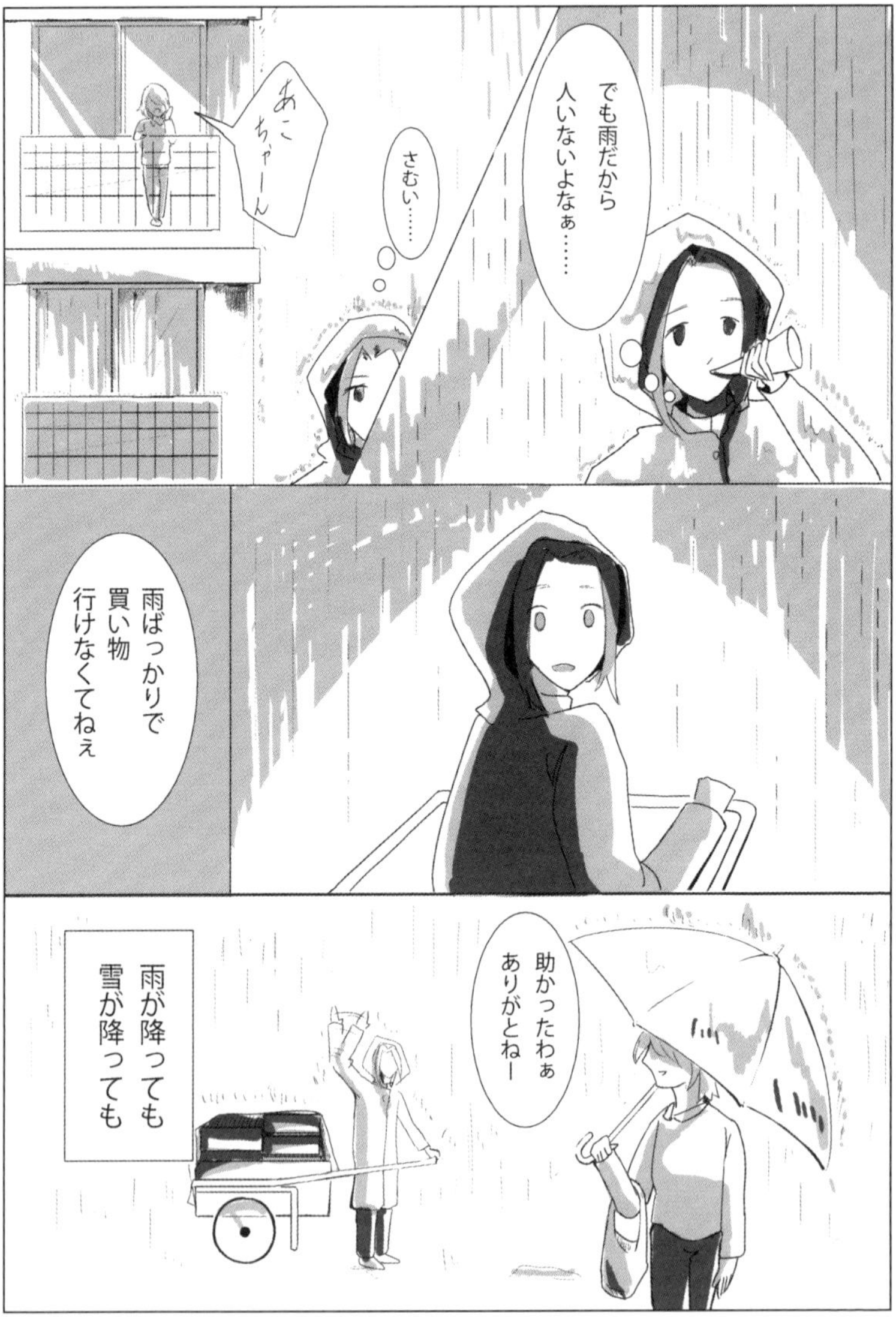
でも雨だから人いないよなぁ……
さむい……
あこちゃーん
雨ばっかりで買い物行けなくてねぇ
助かったわぁありがとねー
雨が降っても雪が降っても

たくさんのありがとうが
買い物行けなくって困ってたんだ来てくれてよかったよぉ
助かったわぁ
私の心を温めてくれます
嬉しいわぁ

皆が欲しいと
思うものを
積んでいるうちに
えーと
アレと
コレと
ソレと…
リヤカーの
総重量は何と
80kg!!
ドーーン
役に立って
喜んでもらえたら
それで嬉しいですよ

たまに思うんだ
めちゃめちゃ重たいリヤカーを毎日引っ張ってひたすら歩いて
私は
自分の不安を思わず友人にこぼした日もあります
何してんのかなって……
あこちゃんは
いつも頑張っててすごいよね
もっと自分を褒めてあげたら？
そうです

私が頑張っているいることを一番知っているのは
ナデ
ナデ
他の誰でもない
よく頑張ったね
エライね
大好きだよ
私自身なのです
雨の日も風の日も
風、つよっ!
ビュオオオオ
でも頑張る!!
豆腐屋あこは頑張ってます!

## 自分を好きになれた時

ある日私がくたくたになるまでリヤカーを引き続けたとき、ふと遊びにきてくれた友人が、私の顔を見てものすごく淋しそうな顔をしたことがありました。

「あこちゃん。あこちゃんが一番頑張っているのを知っている人は、誰よりもあこちゃん自身なんだよ。ずっと近くにいるのも自分なんだよ。どうして自分のことを、もっと褒めてあげないの？」と、心配しながら言ってくれたんですね。その友人の言葉に私はハッとしました。私は自分が好きでなかった。自分のダメなところばかり見つけては、自分を責め続けていた。

それからは、もやもやした気持ちの日でも、毎晩寝る前に「今日もよく頑張った！」「偉いね」（身体をさすりながら）「今日も1日ありがとう」

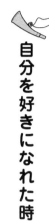

「大好きだよ」「愛しているよ」と、自分を励ましてあげるようにしました。そうすると、また次の日からもむくむくと頑張ることができ、嫌なことがあっても不思議と元気が出てくるのです。

長年いじめられていた私は、自分の存在価値が分からず、自分のことが大嫌いでした。

## 自分を褒める

とある講演家さんが、こうおっしゃっていました。自分のことを好きになれない人は、「どうしてそんなこともできないんだ」「バカだな」「クズだな」と、身近な人々から否定された経験を重ねてきてしまった人。

逆に自分のことを大好きだと思っている人は、「いいこだね」「えらいね」「よく頑張ったね」と、たくさん褒められ、肯定されてきた経験がある人。だから君は、自分のせいで自分を好きになれないわけじゃないんだよと。当時、私だって認められる、偉いね、頑張っているね、すごいねと、誰かに褒められた経験が少しでもあったのなら、あの子みたいになりたかったな……という、人をうらやむ気持ちを乗り越えられていたのかもしれません。

これは以前、モーニングセミナーで学んだことなのですが、もともと人間には「3つのたい」があると言われています。それは、

「認められたい」

「役に立ちたい」

「愛されたい」

という気持ち。

引き売りを始めたことで、私にはこれまで経験したことのなかったためざましい変化がありました。まさにこの「3つのたい」を満たしたのか

もしれません。

誰かに認められ、役に立ち、愛される。

このことが自己肯定感を生み、ありのままの自分を愛することができる最大のキーワードなのかもしれません。

コラム③

# 雨の日も引き売りを続けられたわけ

実は私も、明日が雨だと分かる瞬間から、いやだなぁってずーっと思っていました。でも、お客さまの笑顔を思い浮かべると勇気を持って一歩踏み出せるんです。カッパを着て傘をさして歩いても襟からも袖からも雨が入る。真冬の時は特に寒いんです。とぼとぼとリヤカーを引いて歩いていると、奥の方からおじいちゃんが、不思議なくらい晴々とした顔でやってきました。

「雨だね」と声をかけてくれたので「そうですね」と少しおっくうに答えると、

私の心境を悟ってか、

「大丈夫だよ。俺は長年生きてきたけど止まなかった雨は一度もなかったからさ」

と言って、また晴々とした笑顔で私の前を通り過ぎて行きました。

ああ、そうだな。これまで止まなかった雨は一度もなかったな。ならばいっそのこと雨を楽しんじゃおう。おじいちゃんの言葉と笑顔で、私の心がふとオセロのようにひっくり返った瞬間でした。

雨の音とラッパの音色のハーモニーを楽しみながらラッパを吹いておばあちゃんの家に着くと、

「お豆腐屋さんが玄関の目の前まで来てくれるから本当に助かるわ。こんな日は転ぶのがこわいのよ。これで買い物に行かなくて済んだわ。ありがとうね」とよく感謝されます。

台風や大雪レベルの場合はさておき、基本、雨の日、風の日、雪の日も引き売りは休みません。ありがとうを言ってくれる人がいると、頑張れるんですね。天気の悪い日こそ「ありがとう」を心の底から言ってもらえる日が続いていたのです。

雨の日こそ胸を張って歩こう。辛い時こそ、笑顔で乗り越えよう。止まない雨はないのだから。そう心に誓ったのでした。

# 第4章

# おじいちゃん、おばあちゃん、そして町の人たちへ「ありがとう」

星をみてごらん

奥さんを天国に見送った、一人暮らしのおじいちゃんが言った

あの星はいつでも　僕を追っかけてくるんだ

ほかの星に比べても　輝きが全然違うだろう？

なんだかいつも見守られている気がするんだ

リヤカーの引き売りの帰り道、君もみてごらん

ひとりじゃないよ

あの星は いつも
僕らを 追っかけて くるんだ
星……
今日も いっぱい 働いたよぉ〜
今日はよく 見えるなぁ……
こういう仕事を していると

お年寄りのお客様が多くなりました
タタタタ……
今日も来た……
タタタ……
フーッ…
この前と同じやつですね
コク
いつもありがとうございます♡
四谷で出会ったのは笑わないおじいちゃん
私が行くと毎回必ずかりんとうを買いに来てくれました
ありがとうおじいちゃん
いつも素敵な服だね
何度話しかけても笑ってくれないおじいちゃん
プイッ
理由がわかったのは数年後でした
今日でもう君とは会えないんだ…

仕事を辞めるこkとになった……
突然そう教えてくれました
じゃっじゃあ最後に
一緒にご飯食べに行きませんか？
おじいちゃんはその時初めて自分の話をしてくれました
愛する妻を失くして
抜け殻のようになってしまっていたこと
私の笑顔にすごく救われていたこと

だから僕は
君の笑顔に会いに
自分を取り戻しに行ってたんだよ
おじいちゃんは私の笑顔に救われて
それだけで十分嬉しかったのだそうです
日々の仕事にたくさんのドラマがありました
旦那さんを亡くしたおばあちゃん
手術で胃を半分取ってしまったおじいちゃん

リヤカーは
町の
コミュニケーションの
一部になっている
みたい

あこちゃん
ありがとう

たくさんの出会いと
たくさんのありがとう
ガラ
ガラ
色んなことに恩返しがしたくて
私は
パー
たくさんの「ありがとう」をいただくために
今日もリヤカーを引いています
パー

## 笑顔のないおじいちゃん

こういう仕事をしていると、お年寄りのお客さまと本当に多くお会いします。最初は、こういう仕事だからなのかなぁ……と思っていました。

四谷のビルのど真ん中で毎週リヤカーを引いている日もあるのですが、必ずすごい勢いでダッシュしていらして、私から豆乳とかりんとうを買ってくださる一人のおじいちゃんがいました。そのおじいちゃんは、不思議とまったく笑顔がないのです。

どうして笑ってくれないんだろう。

私はお会いするたびに、一生懸命おじいちゃんが笑ってくれるような前向きな話をし続けました。でも、一向に笑ってくれません。

なんでだろうな、すごくかっこいいのに、笑顔がないのはもったいないなって。だから、こちらもくじけず「おじいちゃん、かっこいいよ」

と言い続けました。

その5～6年後、おじいちゃんから突然「実は僕、このあたりで働いているんだけど、もう君と会うことができないんだ」と言われました。どうしてかって、もう仕事を辞めることになったからと。

私は、「そうなのですね……。それでしたら最後に、一緒にご飯でも食べに行きませんか」とお誘いして、２人でご飯を食べに行くことにしたのです。

その時におじいちゃんは教えてくれました。

「実は君と出会えたころ、愛する妻を亡くして、体が半分なくなったようなものだったんだ」と。だから僕は、半分は君の笑顔に会いに、半分は自分に会いに行っていたんだよとにっこりとほほえんでそう教えてくれたのです。

私は何とかしておじいちゃんの笑顔を引き出したくて、一生懸命いいことを伝えようとしていたけれど、おじいちゃんは私の笑顔に救われてくれていたんだとやっと気付いた瞬間でした。
与えるってお金が掛かることではなく、笑顔だけでもいいんだ。と、そうおじいちゃんから教わりました。それから、笑顔でいることを何よりも心がけるようになったのです。

**人をたった2秒で幸せにできる魔法。**
**それは笑顔でいること。**

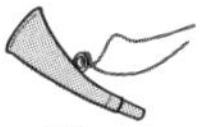

## 笑顔が人をやさしくする

日々の仕事の中に、たくさんのドラマがありました。だんな様を亡く

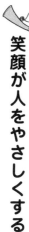

されたおばあちゃんは、明日も仕事？　と聞いてくれる。

胃が半分しかなくなっちゃったおじいちゃんは、お豆腐でおじやを作るんだって。

他愛のない会話のようだけど、リヤカーは、町のコミュニケーションの一部にもなっているみたいです。

「あんたの働く姿を見ると元気が出るよ」

「何もほしいものなんかないけど1個くらい買ってやるよ」

「足が痛くて困っていたの」

「俺の作ったみそ汁飲んで行けよ」

本当の笑顔になれたのは、たくさんの出逢いの中で
「あこちゃん　ありがとうね」の言葉をもらい続けたおかげでした。

恩返しがしたい。そんな気持ちが、私のなかにふつふつと芽生えました。

## 目の前の人を幸せにする

皆さん、ご存知ですか。東京都では、今、約8軒に1軒は一人暮らしのお年寄りが住んでいるということを。

私たちも、いつか必ずお年寄りになっていきます。そんなとき、安心できる世の中を一緒につくっていきませんか。その鍵は〝心を寄り添わせたコミュニケーション〟にあると思っています。

私は今、楽しいなと思ってやっていることがあります。それは、〝お年寄りの夢をかなえること〟。

ある時、大好きなおじいちゃんとディズニーランドの話になりました。

「ねえねえ、ディズニーランドって行ったことある？」と聞くと

「行ったことないから、死んでから幽霊になって遊びに行くよ」と言

われたんです。

「そんなこと言わないで、一緒に生きているうちに遊びに行こうよ」と、私は明るく誘い、２人でディズニーランドに行って、丸１日楽しみました。

翌週、リヤカーを引いて会いに行くと、

「あこさんのおかげで夢がかないました。本当はディズニーランドに行くのが夢だったんですよ」と。

そんなことを言っていただいたので、私は嬉しくなって、お豆腐を売るだけではなく、誰かの夢をかなえる人になりたいと強く思いました。

ある時、

「あこちゃん。実はね、ガラケーとスマートフォン、どちらを買おうか悩んでいるのだけど、どうしたらいいと思う？」一人暮らしのおじいちゃんに、そう聞かれました。

私は「毎週教えてあげるから、スマートフォンを買っていいよ」と答えて、毎週のようにスマートフォン講座を開催したことがありました。

またある時は、「あこさん。1週間に1回、あこさんに会えるのが楽しみなんです。私は一人暮らしだから、1週間誰とも話す相手がいないんです」淋しそうにぽそっと言ったおじいちゃんもいました。

よし、それならお友達づくりをしようと思って、お豆腐パーティーを開催して無理やり連れて行くこともありました。そのおじいちゃんは数年後みんなに惜しまれながら天命を全うしていきました。

相談を受けるだけでなく、私からも「リヤカーに積んでいないものがあったら何でも言ってね。買い物代行でいろいろ買いに行くからね。遠慮しないでね」と提案をすることもありました。そして豊かな時間を過ごさせてもらいました。

被災地にボランティアに行くことって、とても素敵なことだと思います。でも、すぐ近くにいる人にできる大切なことを、私たちは忘れてはいないでしょうか。それは決して難しいことではありません。

皆さんの〝笑顔〟と〝真心の一言〟。それだけで、目の前の人を幸せな気持ちにすることができるんです。

例えば、キラキラのまぶしい笑顔で「ありがとう」と言われたら嬉しくありませんか？　私はとっても嬉しいです。

コンビニの店員さん、レストランのウエイターさん、今隣りにいるお友達に、是非キラキラのとびきりの笑顔で「ありがとう」と言ってみてください。

きっとその人は、とっても幸せな気持ちになると思います。

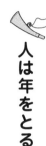

## 人は年をとる

**お客さまの老いにせつないほどに向き合い、笑顔と楽しかったかけがえのない宝物の想い出を積み重ね、天国への旅立ちに驚くほど間近で寄り添わせていただいたのは20名以上。**

**毎日大好きなおじいちゃんやおばあちゃんの笑顔が浮かび、心の中で咲く出逢えたしわしわの笑顔を忘れない。**

**生きてくれている目の前の笑顔を大切にしながら、私も生きていく。**

毎週のように通っていると、月日が経つにつれて、お元気だったお年寄りのお客さまが、だんだんと老いていき、亡くなる寸前までいろいろなお話をお聞きしたりします。

七福神のえびす様のような、優しいお顔のおじいちゃんのお客さまがいました。

肺がんで余命わずかな時、息をするのも苦しそうななか、過去を懐かしむような遠い目をして、子供のころから今までの思い出を2時間くらいかけて私にお話しくださったことがありました。私はただ「うん、うん」と聞いていましたが、おじいちゃんは最後にこう言ったんです。

「僕はみんなにどうしても嫉妬してしまうことがあるんだ。僕はもうすぐ死ぬ。でもみんなには未来がある。そのことに、僕はどうしても嫉妬してしまうんだ」

おじいちゃんは、自身の会社の従業員とご家族を心から愛していたので1日でも長く一緒にいたいという思いだったんだと思います。

私はなんと答えたらいいか分かりませんでしたが、精一杯の笑顔で「また一緒にご飯を食べに行きましょうね」と伝えました。

でも、もう会えないということは心の片隅で分かっていました。帰り道、ラッパを吹きながら涙が止まりませんでした。

—・—

2章でお話しをした、私が変わっていくきっかけを作ってくださった川澄おじいちゃんとの出会いから、10年もの月日が経ったころでしょうか。

川澄おじいちゃんは、いつの間にかだんだんと歩けなくなっていって、部屋で1人で過ごすようになっていきました。木造の一軒家に1人で住んでいたんです。ヘルパーさんには「あきちゃんとは10年の付き合いなんだ、家族みたいなものなんだ」とうれしそうにおっしゃってくれました。

そのころの私は、週に2回川澄おじいちゃんのお部屋に訪れては、お茶を飲むことが習慣になっていました。

あるとき私は、ふいっと次の日の仕事のことばかりを考えながら、おじいちゃんと過ごしていました。

帰り際、「うんうん、分かった、また来週ね」

「あきちゃん、ありがとうね、頑張れよ」と、私たちはいつも通り会話をして別れました。川澄おじいちゃんは、私のことをずっと見つめていました。

その数日後、婦人会のおばちゃんから電話が入りました。

「お豆腐屋さんの名刺、一生懸命探したの。川澄さんは脱水症状で亡くなったわ。ご遺体があるのは今日までだから、会いに行ってあげて！」

私は驚きと衝撃で、涙があふれ出ました。

リヤカーを急いで片付け、川澄おじいちゃんの家へと会いに行きました。すると息子さんご夫婦とお孫さんがいらして、私もまるで家族の一員のように、一緒に川澄さんを囲んで、たくさんの思い出話をしました。

「あきちゃん、じいちゃんに触ってあげて。私たちが料亭で忙しく働いてこられたのは、週に2回もあきちゃんがじいちゃんに会いに来てくれていたからだよ。ありがとうね」

と、感謝の言葉をいただきました。

おそるおそる川澄おじいちゃんに触れてみると、そこには温かい、くしゃっと笑ってくれる川澄おじいちゃんはもういませんでした。

その瞬間、私は、ひどく、ひどく後悔しました。

もう会えないと分かっていたなら、もっといろいろな話がしたかった。

あの時どうして、目を見てありがとうと、心から伝えることができなかったんだろう。どうして私は、あの日うわの空で話をしてしまったんだろう。

毎週必ず、同じ時間に、同じ道を通っているものなので、川澄おじいちゃんのおうちの前を通るたびに涙がとめどなく流れ、玄関の前に座りこんでわあわあと泣きました。

後日、私のひどい落ち込みようを見かねて、ある方がこう教えてくれました。

「あきちゃん。あきちゃんがそんなに泣いていると、じいちゃん悲しむよ。〝他界〟という字、あるでしょう。それはおじいちゃんが亡くなった意味ではなく、ほかの世界に行ったということなの。おじいちゃんはいなくなったわけじゃない。あきちゃんの応援団が後ろに1人増えただけなんだよ。だから、いつも笑っていてあげて」

そうか。私は過去とか未来のことばかり心配して、いつでもくよくよしていたけれど、今この瞬間こそが、何よりも大事なんだと。

目の前に大好きな人がいてくれるって当たり前なんかじゃないんだ。

今を大事にしよう、今を喜ぼう、そして、おじいちゃんとの思い出を大切に生きていこう、と心の底から思いました。

今日もおじいちゃんは、きっとそばにいてくれてあきちゃん、ありがとうね、頑張れよ。と言ってくれているような気がしています。

ぜひ一度、あなたも考えてみてください。

明日、もし自分が天国に行ってしまうとしたら、誰にどんなことを伝えたいですか。

自分が生きているのも大好きな人が生きていてくれるのも〝キセキ〟なんです。伝えたいことをぜひ〝今〟伝えてみてください。


―・―

## つながらないご縁

ラッパを吹いていてもどうしてもつながらないご縁というものもあります。ただ、毎週、同じ道、同じ場所を歩いているので、どこにどんな人が住んでいるのかは何となく知っているんですね。

ある時、そこに一人暮らしのおばあちゃんが住んでいるということは知っていました。だけど〝ただ知っている〟それだけだったんです。

ふとそのおばあちゃんのうちを見てみると、真っ白なはずのカーテンが、真っ黒になっていました。ハエとコバエがびっしりとくっついていたのです。

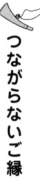

孤独死でした。

私は本当に後悔しました。もし「こんにちは」とか「元気?」と言える仲だったら……。もう少し早く見つけてあげることができたんじゃないかと、心の底がぐちゃぐちゃになりました。

それで、私の話を聞いてほしいとお友達に相談したんです。

するとお友達は、アドバイスじゃなくてこんな質問をしてくれました。

「あきちゃんは、リヤカーを引いて毎日お豆腐を運んでいるかもしれないけれど、町の人たちに本当は何を届けたいの？」

私は心の底から笑顔を届けたいと、ふうと、腹の底から言葉が出て来た瞬間でした。

それからはお豆腐を売るとか買うとかそんなことは関係なく、リヤカーを引きながら、町の一人一人のお年寄りに声を掛けるようになりました。


—・—

## 元気なおじいちゃん

そんなときに知り合ったのが、磯崎さんという、ものすごくマラソンが大好きで元気なおじいちゃんです。

いつしか毎週土曜日になると、「たっけえな（笑）」と言って、私から木綿豆腐と豆乳を買ってくれるようになりました。

ある真冬の寒いときでした。マフラーをぐるぐる巻きにして、雪だるまみたいに厚着をした私に、磯崎さんはこう誘ってくれました。

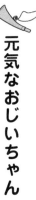

「おお、あっこ。俺な、みそ汁いっぱい作っちゃったんだよ。飲んでいけよ！」と。

でも私、結構すてきなレディーなので（笑）、ご近所の目が気になったんです。ものすごく元気で、おしゃべりなおじいちゃんのおうちに、もし1人で行ったらご近所の方たちはどう思うんだろうと。

だから、いいよ、いいよと断り続けたんですね。

すると磯崎さんは、「いいじゃねえかよ、飲んでいけよ」と、だんだんすね始めてしまったんです。〝まあ、おじいちゃんだから大丈夫か〟と思い直した私は、軽快に階段を上り、木の扉を開けて、おじいちゃんの隣にちょこんと座りました。

すると、大きなどんぶりに入った熱々のみそ汁を私の前に出してくれました。

もう！　早くラッパを吹いて次のおうちに行きたいのに！　と思いましたよ。

でも磯崎さんはニコニコ嬉しそうに、いろいろな話をし始めました。

私は気付きました。ああ、しゃべりたいんだなと。

人間とは怖いもので、慣れというものがあるんです。それからは当たり前のように、磯崎さんのおうちに入って勝手に冷蔵庫にお豆腐と豆乳を入れてちょこんと座り、まるで休憩地点のように、磯崎さんが楽しそうに話しているのをうんうんと聞くようになりました。

真夏の暑い日に、汗びっしょりで私があせもでいっぱいになったとき、磯崎さんは自分のいんきんたむしのクリームを私に塗りつけようとしました。

「もう本当にそれだけはやめて！」

「いいじゃねえかよ」って、そんなこともありました。

でも、体の衰えとともに年々と磯崎さんはマラソンができなくなっていって、お部屋の中でテレビばかり見るようになったんです。

皆さんは、1日中テレビを見たことがありますか。

私は、磯崎さんの家でうっかり『万引きGメン』を30分ぐらい見てしまったことがあったのですが、それだけでもどよんとした気持ちになったことがあったんです。

磯崎さんは、そんな生活を続けるにつれ、だんだんとネガティブなことしか言わなくなっていきました。

せっかく生きているのに、もっと楽しい話をすればいいのにと思った私は、信頼している友人に相談してみました。

こんなおじいちゃんがいてね、いつも1人でテレビを見ているから、何だか政治とかアイドルとか、いろいろな人の悪

口しか言わなくなっちゃったんだけど、どうしたらいいと思う？　と。
すると、友人はこう言ってくれました。
「あきちゃん。脳みそってね、タイムスリップができるんだよ。こん

な質問をしてごらん」と。

「うん、分かった、やってみる」

それで、磯崎さんにこういう質問をしてみました。

「ねえねえ、磯崎さん。今まで生きてきた中で、一番楽しかった思い出は何？」って。

すると、「うーん、お前が週に1回会いに来ることとぐらいかな」と答えてくれました。

「いやいや、そうじゃなくて、今まで生きてきた中で一番楽しかった思い出って何？」と、もう一度聞いてみました。

すると、「ないな」と言うんです。

でも私は毎週会いに行くので、「分かった。じゃあ、来週までの宿題ね！」と言いました。

次の週、パープゥーとラッパを吹くと

「おお、あっこ。あったんだよ」

磯崎さんの部屋に入ると、電気もつけず真っ暗ななか、映写機をぐるぐる回しながら教えてくれたんです。

「俺な、若いころ山が大好きでな。友達同士で山に登っては、満天の星空を見たんだ。それが今まで生きてきた中で一番楽しかったな」と。

それはもう、まるで今までとは別人で、おじいちゃんが少年のように見えました。その時、やったーと思ったんです。

一番楽しかった思い出……。

誰しも思い浮かぶのは、ものすごく高価なものでもなんでもないと思うんです。そこには笑顔があって、傍らには誰か大切な人がいたのではないでしょうか。

**人の幸せは、お金では買えない。人がいて、笑顔がある。そこに心の**

## つながりがたくさんあるってことなんだ。

私はそう思っています。

それからというもの、磯崎さんは表情が明るくなり、ニコニコと笑顔が出始めました。私は毎週会うたびに、いろいろな質問をするようになりました。磯崎さんもこの気持ちに応えてくれ、会話もますます弾むようになりました。

ところがある雨の日、いつもなら開きっ放しの磯崎さんの家のドアが閉まっていたのです。ラッパを吹いても、「おお、来たか」と顔を出す磯崎さんの姿は見当たりません。

何かおかしいと嫌な予感がした私は、冷たい雨が降りしきるなか、洋服がびしょぬれになりながらも、カーテンをよじ登ったり、土に穴ぼこをほったり、人目もはばからずに、あらゆる開けられそうなところを探

したんです。でもどこもかしこも開かないので、最終的に裏に住む大家さんのところを訪ねて、

「何もなかったらいいんですけど、今までこんなことは一度もなかったので心配で。磯崎さんのおうちの鍵を開けてくれませんか」とお願いしたのです。

大家さんは「分かったわ」と言って、すぐに鍵を開けてくれました。ところが、電気を付けると、そこには、こちらを向いて冷たくなっている磯崎さんが横たわっていました。

私、第一発見者なんて荷が重すぎるよ。

それでも、以前ハエだらけのおうちを目にしてしまったこともあったので、ハエ一匹も付いていなかったこと、新聞が3日分しかたまっていなかったこと、においもなく、まるで眠っているようだったことで、

「おお、あっこ、迷惑掛けたな。見つけてくれて、今日も来てくれて

ありがとうな」そう笑っている磯崎さんの姿を、不思議と思い浮かべることができました。

私、この仕事が大好きと思っていたけれど、本当にこの仕事をしてきてよかったなと心の底から思えた瞬間でした。

## 私は何故リヤカーを引き続けるのか？

リヤカーを16年間毎日引いていると、こんなふうに大好きなお客さまが天国に召されていくことがたくさんありました。みんな最後に何を求めていたかというと、それはお金でも、何かすごいものでもありませんでした。思い返してみれば、みんな心のより所を求めていたんじゃないかと思います。

そして、今まで何も続かなかった私が、どうして大雪でも真夏でも猛暑でも、こんなにも楽しくリヤカーを引き続けることができたのか。それは、一人一人のお客さまが私にとっての心のより所だったんだと、やっと気付くことができたのです。

余談ですが、磯崎さんの死から1年経った頃のことです。天国にいる人の心の声が聞こえる不思議な能力をもつお友達がいるんですが、そのお友達に「磯崎さん、何て言っている？」と聞いてみたんです。

その子が教えてくれました。

「俺はあっこのこと大好きだったよ。もうちょっと若かったら、結婚したいぐらい大好きだった。あのときは迷惑かけたな」

磯崎さんらしい言葉でした。

「でも結婚はいい、断っておいて」と私は言いました（笑）。

―・―

## 自分を話すのが好きになった

それからしばらくして、私はブログやFacebookなど、いろいろなことを始めました。自分の大好きな仕事を知ってもらいたい、このことをたくさんの人に発信したいと思ったんです。

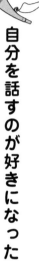

「私は一人暮らしだから1週間誰とも話すことがないときもあるんです。あこさんが来る土曜日は、おしゃべり相手ができて本当にうれしい」

と、柳澤おじいちゃん。

「ありがとう。雨の日は足元が怖くて1人では外に出られないのよ。お豆腐屋さんが玄関の目の前まで来てくれて、本当に助かるわ」と、おばあちゃん。

「私も昔はあんたみたいに働き者だった。お姉ちゃんの働く姿を見ると元気が出るよ」と、足が悪いおばあちゃん。

ラッパを吹きながら1日中空を眺め、お豆腐を積んだリヤカーを引き、毎日毎日温かい「ありがとう」という言葉をもらい続けて、こんな私でも人に喜んでもらえることができるんだと、すこしずつ私は私を認め、自分のことが大好きになりました。私のコンプレックスだと思っていたことがすべて、君の長所なんだよと、みんなが言ってくれました。いつしか「あこちゃんは、いつもニコニコ笑っているよね」と言われるようになりました。

そんなあるとき、女性講演会があるから出てみない？　と声をかけられました。ブログはともかく、しゃべることは苦手でした。ましてや人前で自分の人生をさらけ出すなんて、誰かの何かの役に立てるんだろうかと思って、初めは迷ったんです。でも、〝頼まれごとは試されごと〟。

この言葉が浮かんで、おもいきってやってみようと決意しました。

講演会をするにあたり、過去の私の人生を振り返り、泣きながら思い返してみたんです。

するとと私は、長年この声としゃべり方がいやでたまらなかったけど、この声としゃべり方があったからこそ、みんながかわいがってくれたのかもしれない。マイペースで、今までどんな仕事をしても怒られ続けたけれど、こんなにものんびり屋だからこそ、ささやかなことにも気付くことができたのかもしれない。そして何よりも、私自身がしゃべることが本当に苦手だったからこそ、一人一人のお客さまの話をじっくり聞くことが好きなのかもしれない。そんなことに、気が付き始めました。

そうか、私のコンプレックスって全部長所で、宝物だったんだと改めて私はようやくこのことに気付くことができたのでした。

〝コンプレックスは宝物〟。今は若い人たちに心から伝えています。

あなたの傷ついてきた過去は弱さなんかじゃない、強みなんだよと。

リヤカーを引いて16年間回った距離を計算してみました。

すると、1日約25キロ、365日×16年間で5、840日、146、000キロリヤカーを引いたことになります。地球の周りが約4万キロです。地球3周歩いたことになります。毎日歩いていると街がよく分かります。どんな人が住んでいるか、そして、思わぬ出来事もあります。

綾瀬・麹町・西麻布の3エリアを回っていますが、それぞれのエリアで、お客さまにも特色があります。

**○下町の特徴**

下町（綾瀬）の人は、仲良くなると家族みたいな関係になれるのですが、信用してもらうのに時間がかかります。通りすがりの人が買ってくれるというのがあまりないです。綾瀬のお客さまは一人暮らしのお年寄りがほとんどで、雨や雪など天候の悪い日は、いつにも増して喜ばれます。お豆腐を買うというよりは、おしゃべりを楽しみに、家族が家にやってくるような雰囲気です。お茶を出してくれて、いろんな話をしたり、おやつを一緒に食べたり、ラインとか教えてあげたり。長い間、毎週通っているので、家族みたいな感じで、ついでにお豆腐も買ってもらうような感じが多いです。

**○西麻布の特徴**

都会的なイメージのある西麻布も、路地に入れば古民家があり、お年寄りが出てきて買ってくれることもあります。麹町や西麻布は通りすがりの人が買ってくれることが多い。値段とかあまり気にせずに、ほしい物を買ってくれる方が多くいます。

こんなことも……。

私が故加藤紘一さんと知り合えたのは西麻布の長寿庵というお蕎麦屋さんでした。いつもお豆腐を買ってくださるお母さんやおばあちゃんと、何気ないおしゃべりをしていました。その時、「君は何をしているのかね？」と。

天ぷら蕎麦を食べながら興味津々に私の話を聞いてくださり、ふるさと山形名物の味噌のしそ巻きと心太を感心しながら

買ってくださいました。それから時々「元気か〜」とお電話をいただきました。

「昔はゆっくりと本を読む時間なんてなかったからね」、「中国と日本が仲良くなるように頑張っている」、そして「君も早くいいひと見つけて結婚して幸せになりなさい」親戚のおじさんのように言ってくれた加藤さん。穏やかで、お優しい加藤さんの平和を願う想いがしっかりと引き継がれますように。

**○麹町の特徴**

千代田区にある麹町は、オフィス街ということで、会社員が仕事の休憩中に来てくれることもあります。

でもこころまちに待っていてくださるお年寄りの笑顔に毎週とてもいやされています。

## 高齢者の一人暮らしが増えている

16年間豆腐の引き売りを続けている豆腐屋あこさん。

毎日、街を歩いていると、「人は年を取る」と感じているといいます。この国が現実に高齢化社会に向かっていくことを肌で感じる1人でしょう。そして、高齢者と若者がどう生きればいいかを実践している1人でもあります。

現在の日本は、今後も高齢者の割合は高くなると予測されていて、2025年には約30%、2060年には約40%に達すると予想されています。高齢者がいったん障害を抱えた場合には、自宅での生活が難しくなっていくため、健康で元気な高齢者を増やすことが注目されています。

### ●孤独死が増えている

都市でも地方でも、いわゆる「地域社会」が崩壊してしまったといわれています。地域住民同士の絆の希薄化、仲間力が弱体化し、孤立する方が多く見受けられるようになり、孤立死の問題などが多くみられるようになってきました。

地域で生活するインフラが、徐々に失われ、買い物弱者など個人では生活ができなくなる地域も現れています。

「孤独死のない社会にしたい」という豆腐屋あこさんの実践は、定期的に「声をかけてあげる」、感謝の心をもって「今、やれることをやる」ということ。地域社会全体で超高齢社会を支えていく上で、もっとも効果的なことでしょう。

文責：K-Sato

**世帯構造別、高齢者世帯数の年次推移**（1986年〜2018年）（単位：千世帯）

| 西暦（年） | 高齢者世帯 | 単独世帯 | 男性の単独世帯 | 女性の単独世帯 | 夫婦のみの世帯 | その他の世帯 |
|---|---|---|---|---|---|---|
| 1986 | 2,362 | 1,281 | 246 | 1,035 | 1,001 | 80 |
| 1989 | 3,057 | 1,592 | 307 | 1,285 | 1,377 | 88 |
| 1992 | 3,688 | 1,865 | 348 | 1,517 | 1,704 | 119 |
| 1995 | 4,390 | 2,199 | 449 | 1,751 | 2,050 | 141 |
| 1998 | 5,614 | 2,724 | 555 | 2,169 | 2,712 | 178 |
| 2001 | 6,654 | 3,179 | 728 | 2,451 | 3,257 | 218 |
| 2004 | 7,874 | 3,730 | 906 | 2,824 | 3,899 | 245 |
| 2007 | 9,009 | 4,326 | 1,174 | 3,153 | 4,390 | 292 |
| 2010 | 10,207 | 5,018 | 1,420 | 3,598 | 4,876 | 313 |
| 2013 | 11,614 | 5,730 | 1,659 | 4,071 | 5,513 | 371 |
| 2016 | 13,271 | 6,559 | 2,095 | 4,464 | 6,196 | 516 |
| 2017 | 13,223 | 6,274 | 2,046 | 4,228 | 6,435 | 514 |
| 2018 | 14,063 | 6,830 | 2,226 | 4,604 | 6,648 | 585 |

（注）1　1995 年の数値は、兵庫県を除いたものである。
2　2016 年の数値は、熊本県を除いたものである。
3　「その他の世帯」には、「親と未婚の子のみの世帯」及び「三世代世帯」を含む。

**東京都監察医務院で取り扱った自宅住居で亡くなった単身世帯の者の統計**（平成30年）

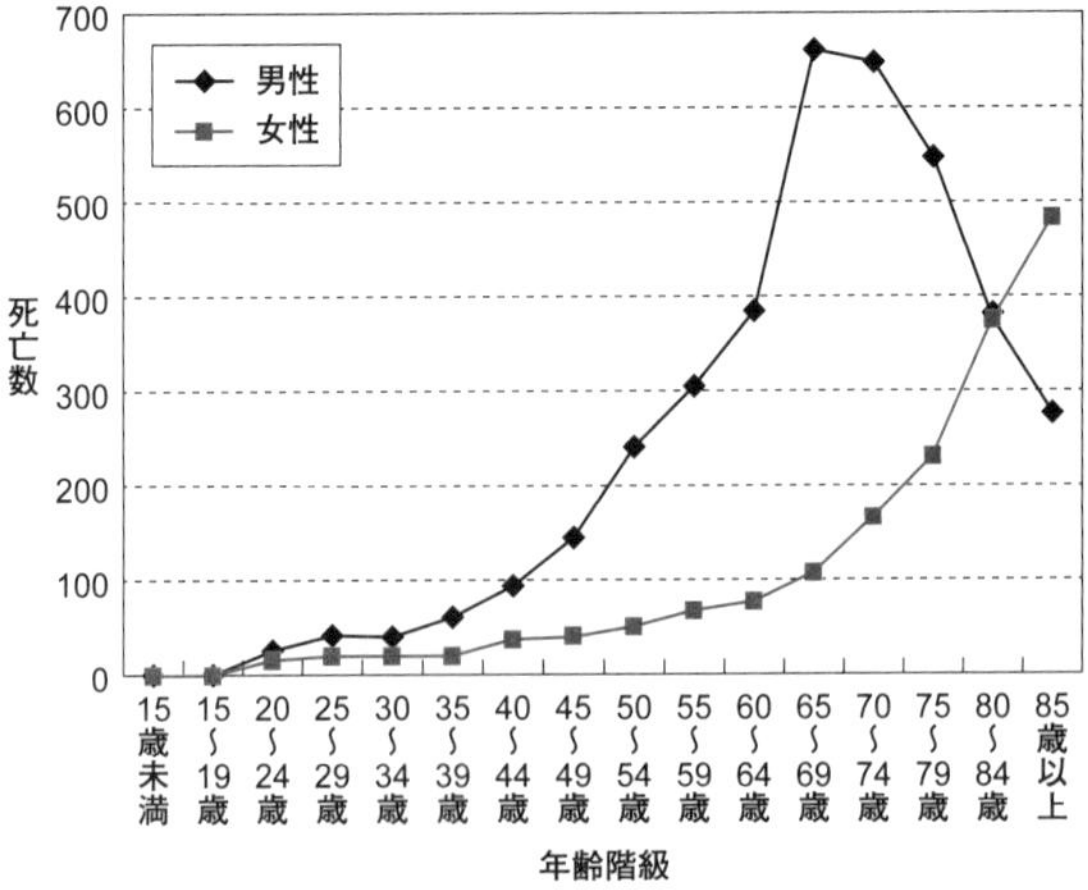

# 第5章

# お父さん、お母さん、「ありがとう」

……そして、これからも

自分の笑顔が好きになれたのは　最近のこと
それは自分の力だけで　好きになれたのではなく　ぜんぜんなくて
みんなが認めてくれて　言葉にして褒めてくれたからでした
この人のここがステキ！
そう思ったことを言葉にするのって
幸せのかけらのギフトだと思う
お金がかかるプレゼントより　生きる力になると思う

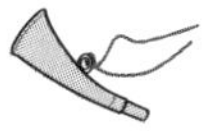

## 父と母が最高の応援団

さいごに、父との関係をお話しさせてください。

血のつながりがないことを知り、そのことで、だまされたと思った父のことです。

私の父は、消毒屋さんをしています。

主に害虫駆除やハチの巣駆除などをしているのですが、ここのところ孤独死という壮絶な現場を消毒するお仕事が増えてきたそうです。きっと父と私は、同じことを思いながら、お仕事をしているんじゃないかと思っています。

それは、寂しいお年寄りをなくしたいという思いです。

父の母へのプロポーズの言葉は、「俺はあっこのお父さんになりたい」

だったそうです。最初から私は愛されていたんですね。

そんなお父さんの愛情を知らず、反発してお父さんを悲しませてきました。

お父さん、ごめんなさい。お父さんは私の本当のお父さんです。

今の私は、両親とすごく仲良しでです。母とは毎日けらけら笑い合っています。父とはお正月に2人で京都に旅行に出かけたこともありました。好き勝手やっていた私を、いつでもどんなときでも心配して、信じて見守ってきてくれました。

いつしか両親の深い愛情に気が付きました。今まで陰でずっと応援してきてくれた、お父さん、お母さん、心から感謝しています。

そして何をやっても続かなかった私ですが、16年間引き売りを続けてこれたのは、笑顔で待っていてくれる大好きなお客さまがいたからです。

元気で生きていてくれる、それだけで私にとって何よりもうれしいことです。悩んでいたら相談に乗ってくれたり、一緒に笑い合い、お前は自分の娘みたいなものなんだと、皆さん心から可愛がってくださいました。

これからも、私はラッパを吹きながら、そしてリヤカーいっぱいの豆腐を運びながら、目いっぱい楽しくて、みんなが笑顔になれることを考え続けたいと思っています。

豆腐屋あこ最高の応援団（お父さんとお母さん）
色紙：喜劇俳優の大村崑さんよりいただいたもの

リヤカーを引いて16年、計算してみたら、すでに地球3周分歩いたことになっていました。

現在の私は、今でも変わらず引き売りのお仕事をしていますが、併せて講演活動にも力をいれています。2016年に、キラキラ女性講演会でグランプリを取ったことがきっかけとなり、自分の人生経験が誰かの助けとなればと、活動の場を広げてまいりました。

子ども食堂で命の話をしたり、不登校フォーラムで、引きこもりの子供たちにお話をしたり、2019年10月には、亡くなっていく方とご遺族の方の心のケアができる、看取り士という資格を取ったり、今自分にできることに精一杯取り組んでいます。

今私は、若者たちにこう伝えています。

闇は光だよ。

みんなの傷ついた経験が、誰かの勇気や希望の力になることもあるんだよ。

私の名前は晃子といいます。

最近、自分の名前が好きになって、お母さんに「この名前、いい名前だね」と言いました。

お日様の〝日〟に〝光〟、

闇には光と。

あなたは、あなたのままで素晴らしい。何者にもなろうとしなくていいんです。今のコンプレックスを変えようなんて思わなくていい。そのままで十分素晴らしい存在なんだよ。

多くの人たちに、この想いを伝えていきたいです。

この本に出逢ってくれて、本当にありがとう。

これを読んでくれたあなたは、何にも変えることができない大切な宝物。

あなたの人生がこれからますます笑顔で輝きますように。

心をこめて。

令和元年12月吉日

菅谷　晃子（豆腐屋あこ）

著者

## 菅谷 晃子（すがや・あきこ）（豆腐屋あこ）

千葉県生まれ。看取り士。

小学5年生より、いじめによりコンプレックスの塊となり、高校を中退する。様々な仕事を経験するが続かず、23歳で「こころで販売できる人募集！」の広告を見て、“豆腐の引き売り”を行う。16年間、お客様と支えあうことで、生きる楽しさを知っていく。笑顔になれず一人ぼっちだと思っていた少女は、笑顔を褒められ愛される女性になれた。自分の体験を通じて「いじめをなくす」活動、引き売りを通じて高齢化社会をまのあたりにし看取り士の資格を取得し「高齢者を支える活動」を行っている。

《テレビ》

TV朝日 スーパーJチャンネル／TV朝日 高田純次のじゅん散歩

《新聞・雑誌》　読売新聞／東京新聞／散歩の達人

《受賞》

私は自分の仕事が大好き作文コンクール優秀賞

キラキラ女性講演会2016グランプリ

《講演》

法務省 社会を明るくする運動／イイオンナ推進プロジェクト in 滋賀県／福祉まつりin草加 社会福祉協議会／浅草北部教会 講演会／各地倫理法人会／教育・不登校フォーラム in 吉川／こども食堂etc.

マンガ

## MonAmie

漫画家兼小説家。ナイン・ヒル・パートナーズ（株）取締役。第51回新院展世界婦人平和促進財団賞受賞。2018年「Hーアッシュー仮想通貨BLOODとAIになった歌姫」（三冬社）で小説家としてデビュー。社会で生きる人々の多様な「今」を捉えることに興味がある。

ありがとうは幸せの贈り物

Facebook

ありがとうは幸せの贈り物

# あこのありが豆腐

令和２年２月　８日 初版印刷
令和２年２月 28 日 初版発行

著　　者：菅谷晃子
漫　　画：Mon Amie
協力：Oka9
発 行 者：佐藤公彦
発 行 所：株式会社 三冬社
〒 104-0028
東京都中央区八重洲 2-11-2 城辺橋ビル
TEL 03-3231-7739 FAX 03-3231-7735

印刷・製本／中央精版印刷株式会社

 ISBN978-4-86563-054-1